Johannes Huber

Ethische Frage

Johannes Huber

Ethische Frage

ISBN/EAN: 9783744682633

Hergestellt in Europa, USA, Kanada, Australien, Japan

Cover: Foto ©ninafisch / pixelio.de

Weitere Bücher finden Sie auf **www.hansebooks.com**

Auch auf dem Gebiete des sittlichen Bewußtseins sucht sich eine tiefgreifende Umgestaltung der bisher herrschenden Anschauungen geltend zu machen. Viele Stimmen werden laut, die mit denselben zu brechen verlangen. Aber noch sträuben sich selbst Anhänger des materialistischen Dogma's gegen solche Zumuthung; theilen sie auch nicht mehr die Ueberzeugung von der Substantialität des seelischen Lebens und erklären sie dieses für einen Effect der Functionen des Organismus, so wollen sie doch die Freiheit des Willens und die Gerechtigkeit der sittlichen Zurechnung nicht geläugnet wissen. An diesem Punkt angelangt hat auch Strauß in seinem letzten Buch die Deutlichkeit und Consequenz vermissen lassen und mit Redens= arten sich hinweggeholfen, während Spinoza den Muth hatte auf die Frage, mit welchem Recht wir einen Verbrecher tödten, zu ant= worten: mit demselben Recht, wonach wir einen durch einen Hunds= biß in Raserei Gerathenen ersticken. ¹)

In der Entwicklung der neueren Strafgesetzgebung und in der Praxis der Gerichtshöfe ist zwar die Tendenz unverkennbar, die Kraft der Selbstbestimmung im Menschen auf ein immer bescheideneres Minimum zurückzuführen und mit dem Maße der Verantwortlich= keit auch das der Schuld und Strafe zu mindern; aber der Gedanke, daß der Verbrecher nur ein unglückliches Opfer der socialen oder

²) Epist. 25.

1*

physischen Nothwendigkeit sei und eigentlich wie ein Kranker beur-
theilt und behandelt werden solle, berührt noch viel zu ungeheuerlich,
als daß man erwarten könnte, es werde ihm in nächster Zukunft
praktische Folge gegeben werden.

Nicht die Philosophie, welche von jeher für und gegen die Annahme sittlicher Freiheit Argumente zu gewinnen suchte, lenkt in
dieser Frage die Anschauungen der Zeit, obwohl zuletzt noch Scho-
penhauer mit scharfer Logik den Determinismus vertrat; es ist die
Erfahrungswissenschaft, insbesondere die Statistik und Psychiatrie,
welche gegenwärtig hier das große Wort führt. Seitdem Quételet
seine Physik der Gesellschaft begründete und den Nachweis unter-
nahm, daß auch die scheinbar willkürlichen Handlungen der Menschen innerhalb bestimmter Zeiträume mit großer Regelmäßigkeit sich
wiederholen und seitdem die Psychiatrie Krankheitsformen aufstellte,
in denen bei hellem Bewußtsein nach unwiderstehlichen Trieben gehandelt werden soll, sind gegen die wissenschaftliche Vertretung der Lehre
von der Willensfreiheit neue und gewichtige Einwürfe entstanden.

„Wir stehen gegenwärtig vor einer Streitfrage ersten Ranges",
sagt Holtzendorff, „welche ausgefochten werden muß, vor einer Streitfrage zwischen der neuen naturwissenschaftlichen Forschung und der
juristischen Ueberlieferung. Auf der einen Seite die Behauptung:
daß die Anzahl der Geisteskranken weitaus größer ist als der
Richter anerkennen will; auf der anderen Seite die Versicherung,
daß die Irrenärzte mit ihren Begriffen von Zurechnungsfähigkeit
die Grundprincipien der praktischen Moral über den Haufen werfen
würden." [1]

Dazu kam dann der Darwinismus, welcher, nachdem er
seine anfängliche Zurückhaltung den Menschen in die allgemeine
Descendenzreihe aufzunehmen, fallen gelassen hatte, nun die Ver-
schiedenheit desselben von der Thierwelt auch in moralischen Eigen-

---

[1] Das Verbrechen des Mordes und die Todesstrafe, Berlin 1875 p. 308 fl.

schaften nur als eine graduelle constatiren will. Nur die interesse=
lose Liebe für alle lebenden Geschöpfe, dieses edelste Attribut des
Menschen, gehe völlig über die Fassungskraft des Thieres, meint
Darwin [1]), freilich ohne daß er sich weder um die Begründung einer
solchen Annahme, wie die interesselose Liebe ist, noch auch um die
Consequenzen kümmerte, die aus ihrer Thatsächlichkeit sich für die
menschliche Freiheit ergeben müßten. Vieler Uebertreibungen und
großer Phantasien hat sich ohne Zweifel die moderne Thierpsychologie
schuldig gemacht; der Anthropomorphismus, wodurch bisher in den
Religionen Gott zum Menschen herabgezogen wurde, hat sich nun
in die Auffassung der Thierwelt eingedrängt und läßt dieselbe zum
Menschen erheben. So glaubte Karl Vogt aus der Beobachtung,
daß ein Rabe, welcher auf den ersten Genuß von Branntwein be=
rauscht und unwohl geworden war, sich das nächstemal desselben
enthielt, schließen zu dürfen, daß das Thier eine größere moralische
Selbstbeherrschung bewiesen habe als mancher Mensch. [2]) Die näher=
liegende Annahme, daß dem Thier eben jedes Verständniß von dem
Getränk mangelte, und daß es gemäß der ersten Erfahrung auf
jeden Genuß von Branntwein das Eintreten der ihm bekannten
üblen Wirkung fürchtend sich von demselben zurückhielt, etwa wie
ein gebranntes unwissendes Kind vor dem Feuer sich scheut — diese
Annahme, wonach der ganze Fall keineswegs eine große moralische
Selbstbeherrschung, sondern nur einen Mangel an Verstand enthüllt,
hätte allerdings in Vogts Kram weniger gepaßt. Jürgen Bona
Meyer unterwarf die beliebt gewordene Ueberschätzung der Thierwelt
hinsichtlich ihrer sittlichen Instincte und Tugenden einer nüchternen
Kritik, wobei sich dann freilich herausstellte, daß z. B. die von
Wundt der menschlichen Ehe gleichgestellte thierische Familiengemein=

---

[1]) Die Abstammung des Menschen, Stuttgart 1871, I. 90.

[2]) In Moleschotts Zeitschrift: Untersuchungen zur Naturlehre der Menschen
und Thiere, Gießen 1866, X, 530 ff.

schaft der höheren sittlichen Momente entbehre und nur ein durch Gefühl und Nutzen gehaltenes Naturbedürfniß sei, und alle jene Anekdoten, wonach die Störche mit großer Strenge auf eheliche Treue halten sollen, unbewiesen oder die hier vorliegenden Beobachtungen einer anderen Deutung fähig seien.[1]) Indeß mag es immerhin als ein bereits gesichertes Resultat betrachtet werden, daß in gleicher Weise, wie das Bewußtsein in der Thierwelt allmählich aufbricht und stufenweise sich erhellt, auch sittliche Triebe in leisen Uebergängen aus dem Schoße der bewußtlosen und nothwendigen Natur emporwachsen, und daß die Gesetze, welche die moralische Welt bedingen und beherrschen, ehe sie als bewußte Pflichten auftreten, als große kosmische und organische Kräfte wirksam sind. Aus dem Antagonismus von Centrifugalität und Centripetalität stellt sich das System des Himmels als ein geordnetes Universum her, und ihnen analog sind Selbstsucht und Geselligkeitstrieb die beiden großen Faktoren, welche die menschliche Gesellschaft begründen und bewegen. Was aber dort blind und nothwendig sich vollzieht, das passirt hier die Sphäre des Selbstbewußtseins und scheint, so wollen wir wenigstens vorerst sagen, auch der Selbstbestimmung des Subjects unterliegen zu können. Die Natur arbeitet mit denselben einfachen Gesetzen im Großen wie im Kleinen, und so wird auch der Bau der moralischen Welt auf denselben demiurgischen Mächten beruhen und an ihnen unter allen Schwankungen, denen er ausgesetzt sein mag, einen ursprünglichen und unbeweglichen Halt besitzen. Denn schlecht stünde es um die moralische Ordnung, wenn sie ganz in die Willkür der Menschen gelegt und nicht über dieselbe hinaus in der allgemeinen Weltordnung begründet wäre. — Das aufleuchtende menschliche Bewußtsein findet sich schon in einer gesetzmäßig gestalteten Natur und empfängt von ihr seine ersten Bestimmungen und Antriebe. Darum ist auch die anfängliche Gesell-

---

[1]) Philosophische Zeitfragen, 2. Auflage, Bonn 1874, 327 S ff.

schaft keineswegs ein Werk der suchenden und wählenden Reflexion, sondern unmittelbarer Triebe, und erst nachdem diese den Menschen an Seinesgleichen gekettet, mag er die Verhältnisse dieses Zusammenlebens bedenken und an ihnen ändern oder bessern. Die Freiheit, die ihm vielleicht gegeben ist, wird sich nur innerhalb jener allgemeinen Ordnung bethätigen können, über die Ordnung selbst hat sie keine Gewalt. So stoßen wir uns nicht an wissenschaftlichen Ansichten, welche Natur und Geist von denselben großen Gesetzen bedingt und getragen erklären; im Gegentheil, sie sichern uns gerade unsere Schlüsse auf die Wirklichkeit einer moralischen Welt.

Doch was verstehen wir unter moralischer Welt? Obschon, wie wir sehen werden, dieser Begriff bei keinem Culturvolke fehlt, hat er doch erst innerhalb der christlichen Weltperiode seine tiefste Fassung gewonnen; von allen Problemen, welche in der Theologie derselben erörtert worden sind, hat keines eine gründlichere und breitere Behandlung gefunden als das Thema von Freiheit, Sünde und Gnade. Die größten Namen der Kirchengeschichte, wie Paulus, Augustinus, Thomas von Aquin, Luther, Calvin u. a. verdanken ihre Bedeutung für die Entwicklung des christlichen Lehrbegriffs vorzugsweise der Behandlung dieser Fragen; nicht bloß eigene Richtungen, nein, auch eigene Epochen des christlichen Bewußtseins hängen mit der Art ihrer Lösung zusammen. So extravagant und manchmal selbst die Gottesidee trübend die Aufstellungen der Theologen hierüber auch ausfallen mochten — die ganze Arbeit wirkte schließlich doch auf eine ethische Vertiefung des Gemüths hin, wie sie im heidnischen Alterthum schwerlich nachzuweisen ist. Nirgends ist der Begriff der Sünde und die ethische Aufgabe des Lebens schärfer gefaßt und kräftiger betont worden als in der christlichen Weltanschauung; in ihr haben die den alten Sprachen entnommenen Ausdrücke des Ethischen und Moralischen einen Sinn angenommen, der, in solcher Bestimmtheit wenigstens, dem Volksbewußtsein früherer Zeiten nicht geläufig war. Diese beiden Worte gehen nämlich in ihrer ursprünglichen Bedeutung ganz zurück auf den Begriff der Sitte, und dieser ruht wieder auf dem noch älteren Begriff des seßhaften Lebens, in dem sich Gewohnheiten ausbilden und die Gemeinschaft beherrschen. Aristoteles leitet das Wort ἦϑος von ἔϑος, die Gewohnheit, her, und sagt, daß die ethische Tugend, da sie uns nur durch Gewohn= heit zutheil wird, davon auch ihren Namen erhalten habe [1] Das griechische ἔϑος stammt aber aus dem Sanskritischen sad = sed - es, der Sitz, so daß das Wort „ethisch,“ der Etymologie gemäß die mit dem seßhaften Leben oder der festen Niederlassung des Volkes ent- stehende und zusammenhängende Gewohnheit ausdrückt. Hienach deckt sich unser Begriff von Sitte mit der ursprünglichen Bedeutung des Wortes „ethisch,“ und erst die fortschreitende Cultur des mensch= lichen Wollens und Handelns brachte die Unterscheidung zwischen „Sitte“ und „Sittlichkeit.“ Auch das lateinische moralis von mos = Gewohnheit, Lebensart, Sitte enthält jene Identification. Sittlich wäre also nach der ursprünglichen Anschauung derjenige genannt worden, welcher sich den Sitten und Gewohnheiten seines Stammes oder Volkes entsprechend betrug. Diese Auffassung weicht aber von der unsrigen bedeutend ab: uns gelten die Sitten eines Volkes noch nicht für sittliche Ordnungen, und wir erkennen auch in der äußern Uebereinstimmung des Handelns mit solchen Gewohnheiten noch nicht die Sittlichkeit; wir haben dafür, wenn jene zu bindenden Lebens= normen werden, den Ausdruck und Begriff der Legalität. Ethisch oder moralisch hingegen erscheint uns diejenige Handlung, die nicht bloß äußerlich mit dem übereinstimmt, was wir als Gesetz für den Willen festhalten, sondern welche aus einer mit demselben überein= stimmenden Gesinnung hervorgeht. Das Ethische oder Moralische ist uns also eine Sache der Gesinnung, des inneren Wollens. Ge= wiß wäre es voreilig, wenn wir aus der Armuth der alten Sprachen, welche zwei in sich noch zu unterscheidende Momente im menschlichen

---

[1] Nic. Eth. II. 1.

Handeln mit einem und demselben Worte bezeichnen, schließen wollten, daß der früheren Menschheit der Unterschied von Legalität und Moralität gar nicht zum Bewußtsein gekommen sei; immerhin aber mögen wir annehmen, daß ihr die uns geläufige Klarheit dieser Unterscheidung noch gefehlt habe. In der Geschichte der griechischen Philosophie ist es in der That erst die Stoa, die sie scharf ent=wickelt. Doch gegenüber der stoischen Schule, welche den freien Willen läugnete, zeigt unser Begriff des Moralischen d i e Eigen=thümlichkeit, daß wir die Uebereinstimmung des Willens mit seinem Gesetz als eine freie, aus der eigenen Selbstentscheidung des Menschen heraus erfolgende betrachten und fordern. Ohne die Annahme eines freien Willens gibt es für uns keine moralischen Handlungen und demnach auch keine moralische Welt. Diese Freiheit erscheint uns als ein Prärogativ des Menschen gegenüber der thierischen Schöpf=ung, und insofern uns Freiheit und Wille fast identisch geworden sind, berührt es uns wie ein Mangel an scharfer Distinction, wenn das thierische Begehren und Streben schon als Wille bezeichnet wird. Und weiter noch unterscheiden sich unsere moralischen Anschau=ungen von denen der antiken Welt darin, daß die Gesetze und Forderungen unserer Sittlichkeit Bestimmungen enthalten, welche jener noch fremder waren; wie z. B. die Pflichten der allgemeinen Menschenliebe und namentlich der Feindesliebe, der Keuschheit und Barmherzigkeit in dem Codex der antiken Moral kaum oder minde=stens wenig betont sind. Das Natürliche gilt hier als das Berech=tigte, und jede Tüchtigkeit, wie etwa List und Schlauheit, erscheint als Tugend, weil als Kraft. Uns aber, die wir in den Traditionen christlicher Bildung erzogen sind, gilt der Mensch von Natur aus noch nicht als sittlich=gut und tugendhaft; wir fordern, daß er seine natürlichen Triebe unter die Herrschaft eines Gesetzes beuge, welches aus seiner höheren vernünftigen Wesenheit erfließt, und seine Kräfte in den Dienst von Aufgaben stelle, welche die eigene wie die Ver=vollkommnung der Menschheit enthalten.

Wie in der Natur dieselbe allgemeine Gesetzgebung herrscht, so verlangen wir auch für die moralische Welt eine solche. Wäre sie nicht nachzuweisen, wäre das Gesetz des Willens nach Zeit und Ort immer wieder ein anderes und verschiedenes, so gäbe es bei keinem dieser zeitlich=räumlich beschränkten Gesetze eine absolute und dauernde Verpflichtung für den Willen und schließlich auch keinen Unterschied zwischen gut und böse; denn mit jeder Auswanderung oder mit dem Erleben einer anderen Gesichtsperiode änderte sich für uns diese sogenannte sittliche Verpflichtung. Das Gute muß, wie das Logische, in der menschlichen Vernunft als dieselbe Forderung sich immer und überall offenbaren und zur Entwicklung des freien Geistes in Beziehung stehen. Eine moralische Welt ist demnach nur, wenn Freiheit des Willens besteht; denn ohne diese unterscheiden sich die Ereignisse der Natur von den Handlungen der Menschen nur dadurch, daß bei gleicher Nothwendigkeit des Geschehens die einen blind, die anderen bewußt sich vollziehen — und eine moralische Welt erfordert eine allgemeine und gleiche Gesetzgebung für den freien Willen. Endlich aber muß diese allgemeine und gleiche Gesetzgebung sich auch als Macht erweisen, ihre Erfüllung muß die Selbsterhaltung und Entwicklung des Einzelnen wie die der Gattung fördern und ihre Verletzung muß sie schädigen. In dem Gedanken, daß das sittliche Gesetz auch als physische Macht sich bethätigt oder daß es auch eine sittliche Weltordnung gibt, vollendet sich der Begriff der moralischen Welt.

Doch alle diese Annahmen sind von jeher streitig gewesen, nicht bloß in der wissenschaftlichen Reflexion, sondern auch in der ungebildeten Meinung des Volkes; das letztere gewöhnlich dann, wenn die religiösen Vorstellungen ihre Ueberzeugungskraft verloren. Gegenwärtig hat diese Bestreitung durch den Darwinismus eine besondere Stütze erhalten; gegenüber der Lehre vom Kampf ums Dasein, wonach die jeweilige Situation der menschlichen Gesellschaft als Resultat des selbstsüchtigen Ringkampfes aller ihrer individuellen Kräfte

erscheint, hat man den Gedanken einer moralischen Welt und Welt=
ordnung fast als einen unmöglichen zu betrachten angefangen, und
Vertreter des Darwinismus haben sich auch über denselben offen
moquirt. Man kann daher wohl sagen, daß seit dem vorigen Jahr=
hundert, wo in Frankreich die Bannerträger der Aufklärung den
Sensualismus und Materialismus verkündigten, unsere moralischen
Ueberzeugungen von keiner so gründlichen Negation mehr bedroht
waren als gegenwärtig. Und zwar, wie dieß in dem demokratischen
Zeitalter einer allgemeinen Bildung nicht anders zu erwarten steht,
pflanzt sich diese Skepsis auch in die Massen fort und trägt dort
sicherlich nicht zur Kräftigung der moralischen Anforderungen bei.
Die Consequenzen, welche selbst wissenschaftliche Geister aus dieser
Negation zogen, wie z. B. La Mettrie, welcher meinte, Gewissens=
vorwürfe seien ein lächerliches Vorurtheil, da man darüber nicht
ärgerlich sein könne, daß die Federn der eigenen Körpermaschine
nicht gut spielten, indem man sich ja nicht selbst gemacht habe ¹)
— diese Consequenzen werden auch niedere Leute schnell genug be=
greifen, und die Gemüths= und Willensbildung des Volkes, wofür
man ohnedieß heutzutage viel weniger Sinn hat als für die Ver=
standesbildung, kann dabei sicherlich nicht gewinnen. Die letzten
Resultate der Moralstatistik zeigen auch trotz der Verbesserung und
Verbreitung des Schulunterrichts keinen Fortschritt in moralischer
Beziehung, im Gegentheil ist eine stets wachsende Zunahme von
Verbrechen, Selbstmorden und Corruption zu constatiren. Haus=
hofer theilt hierüber folgendes mit: „Gewisse gewaltsame Verbrechen,
wie der Straßenraub, müssen in Folge der größeren polizeilichen
Sorge für die Sicherheit der Straßen und des Verkehrs regelmäßig
abnehmen; andere Verbrechen von schlimmster sittlicher Bedeutung
hingegen, z. B. Morde, werden nicht seltener. Die Verbrechen gegen
die Sittlichkeit sind in Frankreich, Preußen und anderen beobachteten

---

¹) Système d'Epicure p. 348, Oeuvres philos. London 1751.

Ländern in bemerklicher Vermehrung begriffen. Gleiches gilt von den mit Falschheit, Betrug, Hinterlist und Täuschung verbundenen sog. feineren Verbrechen gegen das Eigenthum; theilweise auch von den aus Bosheit gegen das Eigenthum begangenen Verbrechen und Vergehen, z. B. von den Brandstiftungen. Der Kindesmord wächst maßlos [1]), die Weibercriminalität steigt, und der Selbstmord ist gegenwärtig in Europa in regelmäßiger, die Bevölkerungsvermehrung meistens übersteigender Zunahme begriffen, und nicht bloß in Städten, sondern auch auf dem platten Lande, und zwar seit den letzten zwanzig Jahren mindestens um $2/5$ in Frankreich, Belgien, England und Dänemark. Der Branntweingebrauch, der nicht nur als Ursache, sondern auch als Symptom und Folge sittlicher Verkommenheit er= scheint, vermehrt sich von Jahr zu Jahr; Engel und Frantz sind der Ansicht, daß die Abnahme der Lebensdauer der preußischen Be= völkerung in den letzten Jahrzehnten im Zusammenhang mit der Zunahme des Alkoholgenusses stehe. Die Prostitution ist überall in einer stärkeren Zunahme begriffen als die Bevölkerung; während z. B. die Einwohnerzahl Berlins im Jahre 1858—63 nur um 20 Proc. sich vermehrte, stieg die Prostitution um 60 Proc.; dem= zufolge wird auch die Syphilis als Todesursache immer häufiger und ebenso ihre Verbreitung unter den Neugebornen und ihre Erb= lichkeit. Die Zahl der Ehescheidungen nimmt zu, das maßlose Jagen

---

[1]) Die Abnahme der Bevölkerung Frankreichs rührt zum größten Theil von der ungeheuern Sterblichkeit der neugebornen Kinder her. Dr. Brochard hat im Jahre 1866 nachgewiesen, daß jährlich mehr als 100,000 Säuglinge vor Hunger und Elend zu Grunde gehen. Das Uebel hat seitdem nur Fortschritte gemacht, wie jüngst in der Nationalversammlung zu Versailles beglaubigt wurde. In ganz Frankreich stirbt ein volles Fünftel aller neugebornen Kinder vor Voll= endung des ersten Lebensjahres. Daß davon auch die absichtlich schlechte Pflege, also ein schleichender Mord, mit die Ursache sei, wurde in der Versammlung nach= gewiesen. In London ward auf einem Meeting vom Jahre 1865 behauptet, daß man unter 30 Frauenzimmern, denen man begegne, sicherlich immer eines für eine Kindsmörderin halten dürfe.

nach Glücksgütern und Lebensgenuß vermehrt die Fälle des Größen=
wahnsinns."[1] „In Bezug auf die Irren und Selbstmörder," sagt
Gustav Schmoller, „zeigt die Statistik nicht sowohl eine Constanz
als eine regelmäßige Zunahme in den meisten, vor allen in den
protestantischen Ländern der intensivsten modernen Culturentwicklung.
Nach Gegenden auch wieder mancherlei Unterschiede; z. B. haben
Dänemark und dann das Königreich, die Provinz Sachsen und die
sächsischen Kleinstaaten die meisten Selbstmörder: 215 jährlich auf
eine Million, dagegen Oberbayern nur 44 auf eine Million."[2]

---

[1] Lehr= und Handbuch der Statistik, Wien 1872, S. 459 ff.

[2] Ueber die Resultate der Bevölkerungs= und Moralstatistik, Berlin 1871,
S. 13. Auch Griesinger (die Pathologie und Therapie der psychischen Krank=
heiten, Stuttgart 1861, S. 142 fi.) neigt zu der Annahme, daß die Zahl der
Irren in fortwährender Vermehrung begriffen sei. Für England will man ge=
funden haben, daß sich die Zahl derselben innerhalb 20 Jahren vervierfacht habe.
Und Griesinger glaubt zwischen dieser Thatsache und den Formen unseres heutigen
Kulturlebens einen Zusammenhang nachweisen zu können. „Die Steigerung der
Industrie, der Künste und Wissenschaften „sagt er," setzt auch eine allgemeine Stei=
gerung der cerebralen Thätigkeiten voraus; die immer weitere Entfernung von
einfachen Sitten, die Verbreitung der feineren, geistigen und leiblichen Genüsse
bringt früher unbekannte Neigungen und Leidenschaften mit sich; die allgemeine
liberale Erziehung weckt unter der Masse einen höher strebenden Ehrgeiz, den nur
die Wenigsten befriedigen können, der den meisten bittere Täuschungen bringt;
industrielle, politische und sociale Schwindeleien wirken erschütternd auf die Ein=
zelnen, wie auf das Ganze. Alles lebt rascher; ein fieberhaftes Jagen nach Er=
werb und Genuß und die ungeheuer ausgedehnte Discussion aller politischen und
socialen Fragen hält die Welt in steter Aufregung. Man kann mit Guislain
sagen, daß schon diese Verhältnisse in der modernen Gesellschaft Europa's und
Amerika's einen allgemeinen, halbrauschartigen Zustand von Gehirnreizung unter=
halten, der sehr weit vom natürlichen und normalen Verhalten entfernt ist und
der zu psychischen Störungen disponiren muß. So manches Einzelne kommt
dazu. Die demoralisirenden Einflüsse der großen Städte ... die häufigere Ehe=
losigkeit, das vielfach veränderte Verhalten zur Religion dürfen als mitwirkende
Momente anerkannt werden." Aber seitdem Griesinger diese Betrachtungen nieder=
schrieb, haben sich alle diese für die seelische Gesundheit so gefährlichen Momente
und Faktoren in der Gesellschaft nur noch mehr entwickelt, die gewaltigsten Ereig=

Man wird demnach der Bemerkung des Statistikers Wappäus nur
zustimmen müssen, wenn er sagt: „Die Fertigkeit im Lesen und
Schreiben und das Wissen macht noch nicht besser — in der Hand
des Bösen wird es Mittel zum Verbrechen. Die sittliche Erziehung
muß hinzukommen, die Erweckung und Ausbildung der sittlichen
Willenskraft auf dem Grunde des dem menschlichen Gewissen ein=
geschriebenen ewigen Sittengesetzes.“ [1]

Aber wenn die Pädagogik heutzutage von einem Sittengesetz
und von der Macht der Selbstbestimmung im Menschen redet, so
stößt sie bereits vielfach auf einen ähnlichen Unglauben, wie die
christlichen Confessionen bei Verkündigung ihrer Dogmen. Sucht
sie dann etwa aus Nützlichkeitsgründen für das Rechte und Gute
ihre Zöglinge zu bestimmen, so ist sie in Gefahr auf die Heranbil=
dung eines eigennützigen, selbstsüchtigen Geschlechtes hinzuwirken,
welches die sogenannten Gesetze der Moral nicht um ihrer selbst
willen, sondern nur so lange und in so weit respectirt, als ihre
Erfüllung ihm nützlich, ihre Verletzung schädlich ist. — Die Natur=
wissenschaft will nichts von einem freien Willen wissen; Moleschott
sprach sich z. B. mit größter Entschiedenheit gegen einen solchen
Glauben aus, da der Mensch nichts anderes sei als die Summe
von Eltern und Amme, von Ort und Zeit, von Luft und Wetter,
von Schall und Licht, von Kost und Kleidung. [2] Gleichwohl hatte

nisse überstürzen sich in den letzten Jahren und lassen Europa nicht zur Ruhe
kommen. — Demnach muß die Ziffer der psychischen Erkrankungen noch erheb=
licher gewachsen sein. Auch Solbrig stimmt Griesinger bei und glaubt den Größen=
wahnsinn als eine spezifische Psychose unserer Zeit bezeichnen zu dürfen. (Die
Geisteskrankheit im Zusammenhang mit der jeweiligen Kulturbewegung, Beilage
zur Allg. Ztg. Nro. 117 u. 118, Jahrg. 1870). Es steht zu fürchten, daß diese
mächtige psychische Erregung der Gegenwart nicht ohne schlimme Folgen für ihre
Descendenz bleiben werde. Die Pädagogen dürfen ihre Aufmerksamkeit von dieser
Eventualität nicht abwenden und haben ihre Gegenwirkung vorzukehren.
[1] Allgemeine Bevölkerungsstatistik, II, 446.
[2] Kreislauf des Stoffes, 2. Auflage. S. 423 und 439.

auch Moleschott nicht den Muth eines Spinoza, nämlich den Unter-
schied von gut und böse zu läugnen, und mußte sich wegen seiner
Inconsequenz eine Zurechtweisung von Seiten einer sonst von seinen
Ideen hochbegeisterten Schülerin, Mathilde Reichardt, gefallen lassen.
Sie führt in ihren Briefen an Moleschott aus, daß, wie es keine
Unnatürlichkeit, es auch keine Sünde auf Erden gebe. Das sittliche
Maß für jeden einzelnen Menschen sei nirgends anders als in dessen
eigenthümlicher Natur zu suchen und müsse darum für jeden auch
ein anderes sein. Die Natur wisse von keinem Gegensatz und keiner
Scheidewand zwischen gut und böse, und eine Sittenlehre, die ihre
Gesetze aus der Natur entwickle und sich aufbaue auf dem einzig
ewig sichern Grund, könne dieses Nichtwissen nicht laut genug der
Welt verkünden. Jede Ausschweifung, jedes extreme Abweichen von
der dem Menschengebilde entsprechenden Idee der Vollkommenheit
könne zwar eben im Hinblick auf dieses Ideal eine Verirrung genannt werden, nichts aber deute darauf hin, daß in dem unüber-
sehbaren Labyrinth von Pfaden, worauf die Menschengattung, an
Milliarden Träger gebunden, sich fortbewege bis zur höchsten Vollendung, diese äußersten Abschweifungen eben Verirrungen und nicht
vielmehr Ergänzungen dieses buntfarbigen Lebens seien. „Wir haben
den Beweis," sagt unsere Schriftstellerin, „daß es den Bedürfnissen
der Menschheit nicht entspräche, wenn die ganze Gattung den hier
gemeinten Leidenschaften folgen wollte, und wir haben in diesem
Beweise die Bürgschaft dafür, daß die Menschheit in diesen Leidenschaften nie versinken wird. Aber wir haben nirgends den Beweis,
daß es dem zeitweiligen Bedürfniß der Gattung ebenso widerspräche,
wenn ein Theil ihrer Repräsentanten jene Elemente der Sinnlichkeit
als Extrem vertritt; wir haben vielmehr geradezu den Beweis des
Gegentheils, solange wir eine Mehr- oder Minderzahl von Einzel-
wesen in jenen Leidenschaften befangen sehen... Und was sind diese
Leidenschaften, diese ausschweifenden Lüste an und für sich? Nichts
anderes als ein wenig zu viel, als ein kleineres oder größeres

Uebermaß eines vollberechtigten, zur Vollendung des Menschen ge-
hörenden Triebes." Und so gelangt denn die exaltirte Dame endlich
zu folgendem Schlusse: „Die Menschheit habe ich lieb, nicht wie
ein Idealist sie träumen mag, sondern ich habe sie lieb wie sie ist;
denn selbst auch den Dieb und den Mörder hat Ihre (Moleschotts)
Lehre mich achten und seine Menschenrechte anerkennen gelehrt....
Vollberechtigt im Kreise menschlicher Anlagen ist alles, was den
Dieb sowohl als den Kaufmann macht; List und Verschlagenheit mit
dem Erwerbstriebe verbunden ist hier wie dort, nur in verschiedener
Zusammenstellung mit anderen Geisteskräften, das bewegende Princip.... Alles, was ins Leben eintritt, hat mit diesem Eintritt auch
das Recht zu leben sich erworben; und alles Leben, das die Möglichkeit sich zu vollenden umschließt, trägt damit den Keim natür-
licher Sittlichkeit in sich. Darum muß ich es noch einmal aus-
sprechen; auch der zum Dieb geborne Mensch brachte wie jeder andere
das Recht mit sich ins Leben seine Natur zu vollenden und allseitig
zu entwickeln und kann auf diese Weise nur eine kraftvolle, eine
sittliche Natur sein. Und wie der Dieb, so jeder andere Lasterhafte,
so auch der zum Mörder Geborne. Dieser kann zur Vollendung
seiner individuellen Menschheit nur gelangen, indem er seine Mord-
lust befriedigt... Große Kriegshelden wurden zu jeder Zeit hoch
geachtet, und niemand dachte daran, daß hier in vielen Fällen vielleicht das, was den Krieger groß macht, nur dieselbe Lust am Tödten
war, die in anderen Verhältnissen den Mörder macht."[1]

Es mag Moleschott bei diesen kühnen Schwärmereien seiner
Schülerin wohl etwas schwül überlaufen haben und er hat sich
vielleicht an das Schicksal des Zauberlehrlings bei Goethe erinnert,
der den alten Besen zum Wassertragen herausfordert und nun bei
der Geschäftigkeit desselben in die Gefahr des Ertrinkens geräth.

---

[1] Wissenschaft und Sittenlehre, Gotha 1856, S. 47 ff., 93 ff., 108 ff.

Mit frechem Cynismus treten die Geständnisse einer schönen
Seele bei N. Schuricht auf. Ausgehend von dem Grundsatze, daß
alles das gut sei, was angenehm und nützlich sich erweise, und daß
lebensklug nur derjenige genannt werden dürfe, welcher vermöge
einer gehörigen Uebung der stofflichen Combinationsfähigkeit seines
Gehirns das Princip der Selbstsucht so viel als möglich durchzu=
führen verstehe, kommt derselbe zu folgenden Behauptungen: Gut
ist der Genuß, der Taumel, gut die Liebe, gut aber auch der Haß;
denn er ist ein ganz leibliches Aequivalent da, wo man keine Liebe
haben kann. Gut ist der Besitz, weil er umgesetzt werden kann in
Genuß; gut ist die Macht, weil sie unsern Stolz befriedigt; gut
ist die Wahrheit, solange sie uns Genuß bereitet; gut sind aber
auch die Lüge, der Meineid, Verstellung, List und Schmeichelei,
wenn sie uns Vortheil bringen. Gut ist die Treue, solange sie
belohnt wird; gut ist aber auch der Verrath, wenn er höher im
Preise steht als die Treue und wenn die Treue zum Verbrechen
wird. Gut ist die Ehe, solange sie uns beglückt; gut ist der Ehe=
bruch für den, welchen die Ehe langweilt, und für den, welcher
eine verheirathete Person liebt. Gut sind Betrug, Diebstahl, Raub
und Mord, sobald sie zum Besitz und Genusse führen; gut ist die
Rache, welche unser beleidigtes Selbstgefühl zufriedenstellt. Gut ist
das Leben, so lange es für uns ein Räthsel ist; gut ist aber auch
der Selbstmord, sobald wir das Räthsel gelöst haben. Da jedoch
der Culminationspunkt jedes Genusses Enttäuschung und Prosa ist,
und mit der letzten Illusion auch das letzte Glück verloren geht, so
wäre im wahren Sinne wohl nur derjenige klug, welcher aus der
Wissenschaft die letzte Consequenz zieht, d. h. Blausäure nimmt und
zwar augenblicklich.[1])

Das ist ein Cynismus, wie er hie und da als ein giftiges
Miasma aus dem moralischen Sumpfe eines Zeitalters aufsteigt.

---

[1]) Auszug aus dem Tagebuch eines Materialisten, Hamburg 1860, S. 22,
50—53.

2

Wir begegnen ihm namentlich in der französischen Literatur des vorigen Jahrhunderts, wie z. B. in den Romanen des Marquis de Sade, welche an Verwilderung ihres Gleichen nicht haben dürften und worin die Praxis der Verworfenheit fortwährend auf die Theorien des Materialismus und Atheismus begründet wird.

Prüfen wir jetzt, ob die Annahme einer moralischen Welt wirklich so gänzlich der wissenschaftlichen Begründung entbehre, wie es nach den Versicherungen manches Tagesschriftstellers der Fall zu sein scheint. Dabei kann freilich eine erschöpfende Behandlung der Frage hier nicht unternommen werden, sondern es muß genügen, die modernsten Einwürfe gegen jenen Glauben nach ihrem Werth aufzudecken und ihnen gegenüber einige Gründe für denselben geltend zu machen.

Was zuerst die Bestreitung der Willensfreiheit angeht, so würde dieselbe viel weniger häufig sein, wenn man sich immer klar machte, daß die Freiheit des Willens noch keineswegs die des Thuns und Lassens involvire. Der Spielraum des Wollens ist weiter als der der That, in seiner selbstbewußten Innerlichkeit baut der Mensch die Luftschlösser seiner Phantasie, hier erhebt er sich auf den Schwingen des Wunsches zu allen Gütern der Erde, hier nimmt er die höchsten Ideale in sein Streben auf; aber sobald Verlangen und Entschluß zur That werden sollen, da stellt sich die Nothwendigkeit der Mittel, der physischen und der psychischen, für ihn ein und er erfährt an der Außenwelt einen Widerstand, den er erst überwinden muß und dem gegenüber seine eigenen Kräfte sich gewöhnlich als verschwindend klein erproben. Ist er König im Reiche seiner Phantasien und Wünsche, so zieht die Wirklichkeit um ihn oft die engsten Schranken, und so deckt sich der Umfang seines Wollens nicht mit dem seines Wirkens. Er könnte demnach vollständig frei in seinem Wollen und doch in der Allen gemeinsamen äußern Welt ebenso vollständig bedingt sein. Die objective Ordnung könnte unverletzt

bestehen, wenn auch die Freiheit als Macht der inneren Selbst=
bestimmung in der Welt wäre.

Gerade in jenen Formen psychischer Abnormität, in welchen bei
klarem Bewußtsein irgend ein krankhafter Trieb sich des motorischen
Apparates im Organismus zu bemächtigen und ihn zu einer Hand=
lung fortzureißen sucht und auch fortreißen kann, tritt die Discrepanz
von Wollen und Handeln recht anschaulich zu Tage. Indem hier
eine aufgenöthigte Handlung mit dem klaren Bewußtsein um ihre
Unvernunft, Schädlichkeit und verbrecherische Qualität vollzogen
würde, zeigte sich, daß das kranke Subject diese aufgenöthigte Hand=
lung selbst verabscheut und also der Wille bei der erzwungenen That
nicht ist. Man darf zur Bestätigung dieser Behauptung nur die
hier einschlägigen Krankheitsgeschichten vergleichen, welche Griesinger
mittheilt.¹)

Esquirol glaubte überhaupt nicht, daß es wirklich eine Manie
gebe, bei welcher die Kranken im vollen Besitze ihrer Vernunft sind
und sich zugleich den verdammungswürdigsten Handlungen überlassen.
„Gibt es einen pathologischen Zustand, in welchem der Mensch un=
widerstehlich zu einer Handlung gezwungen wird, die sein Gewissen
verabscheut? Ich glaube es nicht. Ich habe eine große Anzahl Geistes=
kranker gesehen, die im vollen Besitze ihrer Intelligenz zu sein
schienen und die die Bestimmungen, durch die sie zu Handlungen
gezogen wurden, beklagten, aber die mir auch alle eingestanden, daß
sie irgend etwas im Innern empfinden, worüber sie nicht Rechen=
schaft geben können; daß ihr Kopf eingenommen sei und daß sie eine
Störung in ihrem Verständniß bemerken."²) Und auch Griesinger
meint, daß die Frage, ob und in wieweit gewisse Willensrichtungen

¹) Pathologie und Therapie der psychischen Krankheiten. Stuttgart 1862,
S. 268 ff.
²) Die Geisteskrankheiten, übersetzt von W. Bernhard, Berlin 1838, II.
p. 51.

2*

und Triebe bei Irren, besonders solche, die zu verbrecherischen Handlungen führten, unwiderstehlich waren, sich fast nie sicher be=
antworten lasse. „Den Character rein automatischer Zwangsbeweg=
ungen hat das Allerwenigste in dem Thun des Irren; selbst in der
Tobsucht — so sagen uns die Genesenen -- hätte oft vieles von
dem wilden Treiben noch zurückgehalten werden können; nicht einmal
einen triebartigen Character haben gewöhnlich die verbrecherischen
Thaten der Irren. -- Die Aufhebung der Freiheit (und wenn man
will die Unzurechnungsfähigkeit) beruht bei ihnen also nur selten
darauf, daß sie die vollbrachte That schlechterdings gar nicht hätten
unterlassen können, daß die formalen Bedingungen der
Willkühr ganz aufgehoben gewesen wären; die Gründe der
aufgehobenen Freiheit liegen meist auf einem ganz anderen Gebiete,
beruhen auf heftiger Gemüthserregung oder Verwirrung, auf falschem
Raisonnement durch Wahnvorstellungen, Hallucination u. s. w." [1])

Da Freiheit des Willens nur bei unbeirrtem hellem Bewußt=
sein bestehen kann, so beweisen alle jene Fälle nichts gegen dieselbe,
wo nach Wahnvorstellungen, in Exaltations= und Depressions=
zuständen, oder wie im Idiotismus bei völliger Lähmung des Denk=
processes und Verdumpfung des Bewußtseins gehandelt wird. In
allen diesen Fällen ist die Subjectivität in ihrer über die Vorstell=
ungen und Triebe übergreifenden Superiorität aufgehoben, schwebt
sie nicht mehr betrachtend und aburtheilend über denselben, sondern
ist sie unter sie herabgedrückt, und hat darum mit der Macht der den=
kenden Erhebung über sich selbst und ihre Zustände auch ihre Frei=
heit verloren; denn auf dem Vermögen dieser Erhebung über sich
selbst beruht eben die Freiheit.

Wird ein wissenschaftlicher Denker die Möglichkeit läugnen
wollen, seine Vorstellungen zu prüfen und die irrigen zu corrigiren?
Wird er behaupten, die Wahrheit könne nicht gesucht werden?

---

[1]) Im angef. W. p. 78.

Gewiß nicht. Aber wenn er hierin mit mir übereinstimmt, so sagt er nichts anderes, als daß der Geist gegen den Inhalt seines Be= wußtseins sich frei verhalten und jeden Augenblick über denselben sich erheben könne. Indem der Geist seine Vorstellungen entweder an der Wirklichkeit oder an den Gesetzen der Logik prüft, fällt er als dieser prüfende weder mit der Summe seiner bisherigen Vor= stellungen noch mit seiner neuen Ansicht von der Wirklichkeit noch auch mit dem Bewußsein um die Denkgesetze zusammen, sondern er ist zugleich die über alle diesem vielfachen und verschiedenen Wissen noch schwebende, abwägende und entscheidende Macht, die nicht abwägen, nicht entscheiden, nicht die Wahrheit finden und auch nicht irren könnte, wenn sie an das eine oder andere Wissen schlecht= hin gebunden und nicht vielmehr von dem einen wie von dem an= dern frei wäre. Indem aber die Freiheit der wissenschaftlichen Untersuchung zugegeben wird, ist im Geiste die Freiheit schon statuirt. Auf freier Untersuchung beruht demnach auch die Feststellung des Guten und Bösen in jedem concreten Fall, und wenn nun der Wille von der Erkenntniß bedingt sein soll und das als gut Er= scheinende zum zwingenden Motiv für ihn wird, so ginge dieser späteren Determination des Willens durch die gewonnene Einsicht dennoch immer die freie Arbeit um diese Einsicht voraus.

Schon die oben angeführten statistischen Resultate von der Zu= nahme gewisser Verbrechen und Ausschweifungen in den letzten Decennien stehen im Widerspruch mit der Behauptung von den constanten Zahlen in den sogenannten willkührlichen Handlungen. Die Wissenschaft ist auch längst daran, die Folgerungen abzulehnen, welche Quételet, Comte, Buckle u. a. aus mangelhaftem Erfahr= ungsmaterial der Moralstatistik gegen die Freiheit gezogen haben. Schmoller z. B. erklärt sich entschieden gegen den Materialismus Quételets und seiner Schule, er läugnet nicht den Einfluß physischer Factoren auf die menschlichen Handlungen, aber er zeigt, daß für viele der statistisch beobachteten Verhältnisse geistig sittliche Ursachen die maßgebenden sind, und bemerkt bezüglich der constanten Zahlen= reihen, daß wir, wenn wir nach dem historischen Fortschritt suchen, nicht übersehen dürfen, wie nur ein sehr kleiner Theil des geistig= sittlichen Lebens der Völker eine statistische Beobachtung zulasse und eine gewisse Constanz auf den paar beobachteten Punkten die größten anderweitigen Aenderungen auf dem umfangreichen übrigen Gebiete nicht ausschließe. Er fordert auf, nicht zu vergessen, daß sehr viele unserer Beobachtungen, besonders soweit sie Cultur= und Sitten= statistik betreffen, nur wenige Jahre und Jahrzehnte alt seien, also, soweit sie eine gewisse Stabilität zeigen, gar nichts gegen die großen aber langsamen Fortschritte nach Jahrhunderten zu beweisen ver= möchten.[1]

Die behauptete Constanz verschwindet bei der Beobachtung und Vergleichung kleinster Zeiträume, wenn man z. B. nach Jahren die Bilanz zieht. Nach der Statistik der Strafrechtspflege in Bayern betrug im Regierungsbezirk Oberbayern die Gesammtzahl der abge= urtheilten Reate im Jahre 1862/63 die Summe von 1576, im Jahre 1863/64 stieg dieselbe auf 2210, im Jahre 1864/65 auf 2951 und im Jahre 1865/66 auf 3400. Setzt man die Zahl der im Jahre 1862/63 im ganzen Königreich abgeurtheilten strafbaren Handlungen = 100, so ergeben sich nachstehende Verhältnißzahlen für die Jahre 1863/4, 1864/5 1865/6 in folgenden Reaten: für Hochverrath, Lan= desverrath und andere staatsgefährliche Handlungen 67, 100, 133; für Ungehorsam gegen die Obrigkeit und gewaltthätige Verletzung öffentlicher Autorität 143, 175 und 250; für Fälschung von Geld, Stempelpapier und Briefmarken 143, 71, 173; für strafbare Hand= lungen in Bezug auf Leib und Leben anderer 149, 193, 223; für Diebstahl 119, 142, 151; für Raub, Erpressung und Bedrohung 158, 103, 153; für Eigenthumsbeschädigung 210, 193, 341 u. s. w.[2]

---

[1] In der angeführten Schrift S. 17 ff.

[2] Mayr, Ergebnisse der Strafrechtspflege im Königreiche Bayern, München 1868, S. XIII und XVI.

Man ersieht aus diesen Beispielen, daß die Schwankung gar nicht größer sein könnte und das Individuum wenigstens in kleineren Zeiträumen sich mit großer Freiheit zu bewegen vermöchte. Ist dann vielleicht die behauptete Regelmäßigkeit überhaupt nur ein Schein, der zum guten Theil auch von dem nicht zu bestreitenden Mangel eines reicheren und exacteren Materials in der Moralstatistik her= rührt? Und wenn diese großen Schwankungen in Jahresabschnitten sich für relativ umfassendere Zeiträume wieder auszugleichen schei= nen, würde sich, wenn wir den sittlichen Entwicklungsgang der Menschheit in weiten Perioden der Weltgeschichte genau statistisch erheben und bestimmen könnten, nicht wieder das Umgekehrte, nämlich eine große Unregelmäßigkeit herausstellen? Wer das letztere be= streitet, bestreitet den sittlichen Fortschritt der Menschheit und dürfte dann die Humanität unseres Jahrhunderts gegenüber dem Mittel= alter und dem Alterthum nicht mehr hervorheben können. Wo liegt die objective oder logische Berechtigung etwa nach dem Zeitraum eines Decenniums die Zahlenverhältnisse der Moralstatistik zu fixiren? Warum soll dieser Zeitraum nicht kürzer, etwa auf ein Jahr, oder länger, etwa auf ein Jahrhundert, angesetzt werden dürfen? Wenn man erst bei größeren Zeiträumen die Constanz der Zahlen bemerkt, so müßte dieselbe, falls sie nicht auf einer Illusion beruhte, bei noch umfassenderen Perioden sich doch noch evidenter herausstellen.

Ich habe an einem anderen Ort [1]) den Fatalismus der Moral= statistik eingehender zu bekämpfen gesucht und schließe hier noch ein paar der Bemerkungen an, welche Jürgen Bona Meyer in seinem trefflichen Buche gegen denselben vorbringt. Er macht auf den Un= terschied aufmerksam, welcher zwischen der Neigung, die unmittelbar und nothwendig in uns entspringen kann, und zwischen dem freien Willen besteht. [2]) Die Neigung kann durch die Vernunfteinsicht ver=

[1]) Studien, München 1867, S. 315 ff.
[2]) Im angeführten Werke S. 238 ff.

urtheilt, als unsittlich und schädlich erkannt und darum auch von ihr aus gezügelt werden; aber in Wirklichkeit lassen sich die meisten Menschen von ihren Neigungen forttragen und gerathen dann mit Willen oder in Folge selbstverschuldeter Energielosigkeit ihres Willens unter die Macht einer Anziehungskraft, welche wie ein Naturgesetz nothwendig wirkt. Die Regelmäßigkeit unsittlicher Handlungen, wenn sie constatirt wäre, findet hienach eine genügende Erklärung aus der Thatsache des unmittelbaren Dahinlebens in Neigungen und könnte darum gegen die menschliche Freiheit nicht beweiskräftig sein.

Der sittliche Zustand einer Persönlichkeit ist, wie Meyer richtig betont, das Resultat eines Prozesses und nicht momentaner Entscheidungen. „Die Wirksamkeit der Willensfreiheit", sagt er, „liegt vielleicht gerade auf der langen Reihe oftmals unscheinbarer Handlungen und Unterlassungen, durch welche der Mensch sich von dem einen Zustande, in welchem er Gefahr läuft, jeden Augenblick von dem Druck äußerer Verhältnisse willenlos getrieben zu werden, bis zu dem Zustande hinbewegt, in welchem er sich willenlos den Antrieben seiner veredelten Natur hingeben darf.[1] Schon Aristoteles hat bemerkt, daß es unser Thun und Handeln im Einzelnen sei, was unseren Charakter sich entsprechend bilde, und daß darum keiner, der einmal ein Ungerechter sei, durch sein Wollen schon aufhören könne ein solcher zu sein, so wenig wie der Kranke, der sich durch eigene Unmäßigkeit krank gemacht habe, durch sein Wollen ein Gesunder zu werden vermöge. Wohl aber sei es von vornherein dem Ungerechten und Unmäßigen möglich gewesen, nicht das eine oder andere zu werden.[2] Wie sittliche Freiheit oder Unfreiheit das Resultat eines ganzen Lebensganges sein kann, wird am deutlichsten aus der moral insanity eingesehen, jener psychischen Krankheit, bei welcher das durch ein ausschweifendes Leben erkrankte Nervensystem

---

[1] Ebendaselbst S. 241.
[2] Nic. Ethic. III, 7.

zur nächsten Ursache einer Seelenstörung wird — in der Weise, daß das seit Jahren genährte böse Gelüsten über die Kraft der Intelli= genz völlig dominirt und das Subject, welches anfänglich der Selbst= beherrschung wohl fähig gewesen wäre, nun widerstandslos zu einem verkehrten Handeln forttreibt. In diesem Fall ist durch die eigene Freiheit ein Naturzwang über den Willen heraufbeschworen worden.[1]

Die zweite Frage, die wir hier zu beantworten haben, ist die: ob es wirklich ein allgemeines Sittengesetz gebe. Moleschott und Büchner läugnen es auf das bestimmteste. Da die Moral in der freien Hingebung des Willens an eine als verpflichtendes Gesetz angenommene Vorschrift oder in der Uebereinstimmung der Gesin= nung mit derselben besteht, so könnte ein Mensch auch in dem Falle noch moralisch sein als diese Vorschrift selbst unsittlich wäre, weil dann wohl seine Einsicht beirrt würde, aber er doch in seiner Ge= sinnung gut sein wollte. Man hat sich nun auf den Widerspruch moralischer und rechtlicher Satzungen und Gewohnheiten in ver= schiedenen Zeitaltern und bei verschiedenen Völkern berufen, um zu erweisen, daß es keine allgemeinen und absoluten, sondern nur par= ticulare und relative Regeln für das Wollen und Handeln gebe. Damit wäre freilich nicht mehr bewiesen, als daß eben die absoluten Regeln der Moral wie die Gesetze des Denkens nicht überall und immer zum vollständigen und klaren Bewußtsein gekommen seien. Um die Relativität der Moralgesetzgebung mit Grund behaupten zu können, müßte man vorerst gezeigt haben, daß die menschliche Natur nicht überall im Wesentlichen die gleiche sei, sondern eine nach Zeit und Ort auch wesentlich verschiedene sein könne. Ein solcher Nach= weis ist aber unmöglich, denn damit würde die Einheit der mensch= lichen Gattung geläugnet und eine so tiefgreifende Differenz unter den Individuen, welche man bisher zur Menschheit rechnete, ange= nommen, daß man dieselben in verschiedene Gattungen lebender Wesen

---

[1] Vergl. Solbrig, Verbrechen und Wahnsinn, München 1867, S. 3 ff.

einordnen müßte. In diesem Fall hätten wir mit denjenigen, die über die menschliche Gattung hinausfielen, nichts mehr zu thun, indem wir ja bloß für diese die Allgemeingültigkeit der moralischen Gesetzgebung nachzuweisen haben. Besteht aber nun eine menschliche Gattung, so werden für alle Individuen derselben die Bedingungen und Gesetze der besten Erhaltung und gedeihlichsten Entwicklung auch überall dieselben sein müssen. Ueberall wird es dem menschlichen Individuum nützen die rohen Antriebe der physischen Natur zu beherrschen; überall wird es durch die Bethätigung seiner Vernunft zu höherer Entwicklung gelangen, wie Licht und Wärme überall das Wachsthum der Pflanze begünstigen und fördern. Die Gesetze der Moral können ja nur solche sein, welche die Vervollkommnung des Menschen fordern und bedingen, welche, wenn er ihren Antrieben folgt, ihn auf eine höhere Stufe seiner ganzen Existenz erheben, gerade so wie die logischen Gesetze die Wahrheit bedingen und fördern, und derjenige, der nach ihnen seine Vorstellungen ordnet, aus einem unklaren und irrenden Bewußtsein zur richtigen Einsicht gelangt.

Wie in der Anlage eines jeden lebendigen Wesens schon das Ziel bestimmt ist, das es in seiner Entwicklung verwirklichen soll, und wie dieses Ziel die innere treibende Kraft für diese Entwicklung bildet, gerade so sind die Moralgesetze die dem vernünftigen Menschen angebornen Ziele, denen er entgegen zu streben hat und in deren Erfüllung er sich nach seiner sittlichen Natur vollendet. Und wenn der Genuß des Lebens in dem Anstreben der einem Wesen natürlichen Ziele und Zwecke und das Glück in der Erreichung derselben besteht, so ist es klar, daß in dem Verfolgen und Erfüllen sittlicher Pflichten auch Freude und Glück dem Menschen zutheil werden muß.

Wenn schon dem thierischen Organismus aus seinem Selbstgefühl ein instinctives Wissen um das, was ihm nützlich oder schädlich ist, was er thun und was er lassen soll, entsteht, warum sollte dem Menschen nicht auch aus dem unmittelbaren Selbstgefühl seiner vernünftigen und moralischen Natur ein instinctives Wissen um das Gute und

Böse entspringen? Alles, was man gegen ein ursprüngliches moralisches Bewußtsein einwenden kann, beweist nicht mehr als daß es
anfänglich ein noch latentes und unentwickeltes ist, welches der Aufklärung bedarf; daß der Mensch sich zuerst als physisches Wesen fühlt
und weiß und erst allmählich zum Selbstgefühl und Selbstbewußtsein
seiner vernünftig-moralischen Natur gelangt, daß er als lebendiges
Wesen eben einen gesetzmäßigen Entwicklungsgang durchzumachen
hat. In einer Entwicklung kann aber nicht am Ende zum Vor-
schein kommen, was nicht vom Anfang schon vorhanden war, weil
Entwicklung eben die Erscheinung und Verwirklichung der ursprünglichen Anlage ist. So könnte der Mensch gar kein moralisches Bewußtsein haben, wenn dasselbe nicht von Anfang an in seiner
Natur angelegt gewesen wäre. Gerade das schnelle Verständniß und
der unwillkürliche Beifall, die auch ein naives Bewußtsein moralischen
Regeln und Handlungen entgegenbringt, zeigen, daß in demselben
etwas vorhanden sein muß, was zur Zustimmung zwingt.

Von den neueren Philosophen wies insbesondere John Locke
auf die Thatsache hin, daß unter den Menschen keine allgemein an-
genommenen Grundsätze des Handelns vorhanden seien und schloß
daraus, daß die moralischen Ideen nicht angeboren, sondern nur
erworben sein könnten. Keineswegs aber läugnete er, daß es allgemeine in der Vernunft begründete moralische Regeln gebe. „Die
moralischen Grundsätze", sagt er, „erfordern Schlüsse, Raisonnement
und einen geübten Verstand, um die Gewißheit ihrer Wahrheit zu
entdecken. Sie liegen nicht vor der Einsicht eines Jeden so offen
da . . . dadurch verliert jedoch ihre Wahrheit und Gewißheit ebenso wenig, als der Satz, daß die drei Winkel eines Dreiecks gleich
zwei rechten sind, etwas dadurch verliert, daß er nicht so evident
ist und keine so unmittelbare Ueberzeugung gewähren kann wie der
Satz: das Ganze ist größer als sein Theil. Es ist genug, daß die
moralischen Regeln einer Demonstration fähig sind, und es ist dann

unsere eigene Schuld, wenn wir es nicht zu einer gewissen Erkennt=
niß derselben bringen." [1])

Locke stand in seinen philosophischen Reflexionen zu sehr auf
dem Standpunkte einer äußerlichen Verstandesbetrachtung, um die
instinctive Unmittelbarkeit der menschlichen Natur erfassen zu können.
Wer ein allgemeines, in der menschlichen Natur begründetes Sitten=
gesetz überhaupt läugnen wollte, der dürfte auch kein ursprüngliches
und sicheres Gewissen, welches ja nur das Bewußtsein um jenes
sein könnte, zugestehen; er würde das Gewissen als ein Product
der Erziehung und Bildung und demnach als ein nach den äußern
Umständen verschiedenes, immer aber relatives, erklären müssen.
Doch so weit, wie manche seiner Schüler, ging Locke nicht; in seinen
eigenen Lehren lag die Correctur seiner Einseitigkeit. Wir werden
nicht in Abrede stellen, daß das Gewissen auch von äußeren Ver=
hältnissen und Einflüssen bedingt, beirrt, verdunkelt oder erweckt
werde, aber Locke selbst gesteht, daß es allgemeine evidente Sitten=
gesetze gebe, die erkannt werden könnten.

Diese Gesetze können nichts der menschlichen Natur fremdes
und äußerliches, sondern sie müssen, so zu sagen, auf ihren Leib
zugeschnitten sein. Aus einer Untersuchung über die Kräfte und
Ziele der menschlichen Natur müßten sie festzustellen sein. Demnach
kann es auch ein wahres Wissen um dieses Sittengesetz geben und
in weiterer Folge ein sicheres Gewissen als Bewußtsein um das
sittliche Naturgesetz. Dieses Wissen aber, wie bereits hervorgehoben
worden ist, braucht nicht immer erst durch wissenschaftliche Forschung
gewonnen zu werden, es kann als ein instinctives Selbstgefühl der
moralischen Natur sich unmittelbar einstellen und entwickeln.

Wenn uns Reisende von Völkern ohne jegliche Spur von mo=
ralischen Gefühlen zu berichten wissen, so sind dieß Uebertreibungen,
welche auf mangelhafter Kenntniß des geistigen Lebens derselben

---

[1]) Essay on human understanding, I, c. 3.

beruhen. Noch immer wurden wilde Stämme bei genauerer Bekannt=
schaft in geistiger Beziehung höher entwickelt gefunden als die erste
und oberflächliche Begegnung mit ihnen vermuthen ließ. Daß gar
kein Pflichtgefühl bei solchen Naturkindern vorhanden wäre, wagt
ohnedieß Niemand zu behaupten. Treffend bemerkt J. B. Meyer
zu solchen Angaben, daß man nur die Schilderungen solcher Rei=
senden von dem Benehmen dieser Völker im Einzelnen zu verfolgen
brauche, um Spuren moralischer Gefühle aus ihnen herauszulesen.
Als unphilosophische Betrachter verwechselten sie das klare Bewußt=
sein von dem ursprünglichen Besitz des Geistes mit diesem Besitze
selber. Das erstere vermißten sie mit Recht bei den rohen Völkern,
sie könnten es auch vergeblich suchen bei vielen gebildeten Europäern,
vielleicht sogar vergeblich in ihrer eigenen Seele. Das Zweite, so=
fern es zum Wesensbestand der menschlichen Seele gehöre, könne
nicht fehlen und müsse sich daher bei genauester Beobachtung auch
dem Keime nach in irgendwelchen Spuren überall offenbaren. Das
klare Bewußtsein über die moralische Natur der Seele könne vielen
Menschen fehlen, die Keime dieser Natur, sowie das Bewußtsein
einer Verbindlichkeit dem für gut Gehaltenen gegenüber, keinem. [1]

Nachdem es heutzutage beliebt geworden ist selbst dem Thiere
sittliche Instincte und Handlungen zuzuschreiben, wäre es doch nur
ein Selbstwiderspruch, wenn dieselben bei dem rohen unmittelbar aus
der Thierwelt entstammen=sollenden Menschen wieder geläugnet wer=
den sollten. Besteht nämlich eine Continuität der Entwicklung zwischen
Thier und Mensch, so müssen in dem letzteren nicht nur die mora=
lischen Anlagen des ersteren wiederkehren, sondern, der höhern Da=
seinsstufe gemäß, auch in höherer Weise wiederkehren.

Es bleibt nur noch die dritte Frage zu erörtern übrig, nämlich
ob das sittliche Gesetz sich auch als Macht im Leben des Einzelnen
wie in der Geschichte der Menschheit erweise, ob es eine moralische

---

[1] In der angeführten Schrift S. 341 ff. u. S. 337.

Weltordnung gebe. Die Behauptung derselben involirt nämlich, daß ein den Forderungen des Sittengesetzes entsprechendes Handeln die Wohlfahrt und das Glück des Menschen bedinge, während das entgegengesetzte Verhalten ihn in seiner Existenz und in der möglichen Entwicklung seiner Natur schädige. Und zwar bis zu der Consequenz schreitet die Behauptung fort, daß sie an die Erfüllung oder Nichterfüllung dieses Gesetzes nicht bloß eine innerliche, geistige Förderung oder Verkümmerung geknüpft erklärt, sondern auch eine äußerliche physische. Sie erfaßt das moralisch Gute als eine positive, das moralisch Böse als eine zerstörende Macht; mit strenger Causalität soll das eine wie das andere die ihm entsprechenden Wirkungen hervorbringen. Populär ausgedrückt heißt dieß: das Gute belohnt sich selbst, das Böse bestraft sich selbst — und zwar mit der Nothwendigkeit eines Naturgesetzes. Diese Ansicht nun scheint sich in unserer Erfahrung wenig oder mindestens nicht überall zu bestätigen, während wir doch von einem Naturgesetz eine ausnahmslose Herrschaft anzunehmen gewohnt sind. Indeß von unserer subjektiven Möglichkeit eine Wahrheit beweisen zu können hängt deren Wirklichkeit nicht ab; es gibt viele Dinge, die wir nicht beweisen können. Weil aber die Erfahrung den gewünschten Beweis so oftmals vermissen läßt, so regt sich der Zweifel an der ganzen Idee und wird dieselbe mitunter auch mit geringschätzigem Spott behandelt. Hält man aber fest, was oben entwickelt worden ist, daß die moralischen Forderungen keine von außen her dem Menschen auferlegten, sondern die aus seiner Natur sich ergebenden Bedingungen für ein würdiges und glückliches Dasein seien, und daß darum die Liebe zum Guten mit der wahren Selbstliebe zusammenfallen müsse, so tritt die Idee der moralischen Weltordnung in eine Beleuchtung, welche geeignet sein dürfte unsere Zweifel zu zerstreuen. Denn wenn alles in der Natur Gesetzen unterliegt, so ist auch der Mensch unter dieselben für die Entwicklung seines Wesens gestellt, und ihre Nichtbeachtung kann dann nur diese Entwicklung hemmen.

Und da in der Erreichung der ihm von der Natur gesetzten Ziele jedes Dasein seine Bestimmung erfüllt und in dieser Erfüllung den vollen Selbstgenuß und das Glück findet, so wird aus dem Zurück= bleiben hinter diesen Zielen oder ihrem Verfehlen auch die entgegen= gesetzte Folge sich mit Nothwendigkeit ergeben müssen. Und dagegen kann keine auf die äußere Erscheinung bezogene Erfahrung etwas beweisen, weil sie in das Innere der moralischen Zustände eines andern nicht so deutlich hineinsehen läßt und sie niemals exakt würdigen kann. Nur die Selbstbetrachtung könnte uns hierin be= lehren und diese wenigstens bestätigt in jedem einzelnen Falle, daß in der Vollbringung einer guten Handlung unsere moralische Natur sich gehoben und beglückt fühlt. Wo aber das Schlechte von einem Menschen ohne Gewissensvorwurf verübt würde, da wäre dieß nur ein Beweis, daß derselbe entweder niemals zu dem Bewußtsein seiner höheren moralischen Natur gekommen oder daß sie in ihm vollständig verkümmert ist; es wäre also der Beweis, daß er unter die menschliche Stufe herabgesunken und darum auch des echt mensch= lichen, nämlich des moralischen Glückes unfähig ist. Das Amt des Weltrichters kommt keinem Menschen zu; dieses Amt übt die Natur in ihrer Gesetzmäßigkeit stumm und unerbittlich, sie rächt im Leben des Individuums wie im Leben der Nationen die Verkehrung ihrer Ordnung. Es ist eine triviale Wahrheit, daß sinnliche Ausschweifung Körper und Geist zerrütte, Mäßigkeit und Selbstbeherrschung aber Gesundheit und Leben erhalte.

Das in Affecten und Leidenschaften ungezügelte, tief erregte Gemüth reflectirt sich in schädlichen und zerstörenden Rückwirkungen auf den Organismus durch Erzeugung von Krankheiten aller Art. Boerhave constatirte diese Thatsache ausdrücklich und Broussais wiederholte, daß durch solche psychische Motionen Ernährungsstör= ungen und in weiterer Folge davon pathologische Veränderungen erzeugt werden. Insbesondere aber dürfte die Psychiatrie schlagende Belege dafür bieten, daß sittliche Selbstbeherrschung in allen Dingen auch die physische Grundlage des geistigen Lebens zu erhalten und damit dieses selbst zu sichern und zu fördern vermöge. Solbrig z. B. erklärt den Größenwahnsinn, der seine Opfer schon dem blühenden und kräftigsten Lebensalter entnimmt, als ein frühreifes Greisen= thum des Gehirns, und führt den Schwund und die Degeneration dieses Organs auf Ernährungsstörungen des Gehirns und Rücken= marks zurück, welche durch hochgradige Ueberreizung, ruhelose An= spannung und Ausnützung der Leistungsfähigkeit aller Nervenkräfte herbeigeführt und immer weiter gesteigert werde. „Die freie Bahn," „sagt er, die jedem offen ist sein Glück zu suchen, hat eine Art moderner Epikuräer hervorgebracht, die zum Theil nicht unbegabt, ebenso kühn als leichtfertig in ihrem Vorgehen sind, denen Religion und Lebensziel die Anbetung des Erfolges, die Befriedigung der Eitelkeit und des sinnlichen, vor allem auch des sexuellen Genusses ist. Die Mitglieder dieses Epikuräismus recrutiren sich mit Vorliebe aus den Kreisen der Industrie= und Handelswelt — auch der Handwerker und der Bauer sind ihm nicht fremd — und aus jener Schichte der goldenen Jugend, welche die Virtuosität erlernt hat Gold wie Jugend gleich rasch zu vergeuden. Die Speculation, die Reclame, die Rastlosigkeit im Unternehmen und Genießen sind ihr Element. Viele kommen noch mit heiler Haut davon. Nicht wenige verfallen dem frühreifen Greisenthum mit seinen Schrecknissen... Mit der wohlberechtigten, ja nothwendigen Regirung des falschen Idealismus ist in der Mehrheit unserer Generation Sinn, Empfäng= lichkeit und Verständniß für den wahren Idealismus, für die ethischen und ästhetischen Kräfte, welche die Materie durchgeistigen, wesentlich abgeschwächt worden, theilweise ganz zu Verlust gegangen. Hiemit aber auch diejenige Quelle der Freude und persönlichen Befriedigung, welche am billigsten zu haben und an deren Stelle das aufreibende Bemühen um die kostspieligen materiellen Surrogate getreten ist. Es wird besser werden, wenn die Ueberzeugung wieder als Gemeingut sich befestigt hat: daß auch das Ideale eine Realität

ist, zugleich eine solche, die das Gehirn conservirt.[1]) Domrich hat ein=
gehend die Rückwirkung der Gemüthszustände auf das leibliche Leben
erörtert; indem er die schädlichen Einflüsse gewisser Affecte nachweist,
deutet er indirect darauf hin, daß Besonnenheit und sittliche Kraft,
welche das Herz in seinen Bewegungen zu mäßigen vermögen, auch
Factoren für die Erhaltung leiblicher Gesundheit seien.[2]) Wenn es
richtig ist, was unsere Physiologen und Statistiker behaupten, daß
das menschliche Geschlecht einer ungeheuren, einer so großen Ver=
mehrung fähig sei, daß die Production der Ernährungsmittel nicht
gleichen Schritt mit jener zu halten vermöge, so müßte, wenn
das Menschengeschlecht seiner Zeugungslust keine Zügel anlegen
würde, ein Zeitpunkt der Uebervölkerung eintreten. Die Folge davon
wäre nicht nur das größte Elend, sondern auch der Untergang
aller Kultur. Die Menschen würden zu einem wilden gegenseitigen
Kampf um die Mittel der Existenz entflammt, auf alle höheren
Interessen würde um der Herbeischaffung der Nothdurft willen
vergessen, alle Bande der Liebe und des Rechts zerrießen, der Natur=
zustand des Krieges aller gegen alle begönne. Die Natur ihrem
Drange überlassen wüthete schließlich gegen ihre eigenen Kinder,
der Ueberproduction würde sie durch verheerende Seuchen steuern.
In einzelnen Ländern, wie in China, stellt sich die Uebervölkerung
mit ihren entsetzlichen Folgen bereits zum Theil ein. Die sich selbst
überlassene Naturgewalt des Propagationstriebes schlüge auf solche
Weise gegen ihre eigene Tendenz aus und schleuderte die Menschheit
von den Höhen ihrer geschichtlichen Errungenschaften immer wieder
in kümmerliche Anfangszustände zurück. — Wollte man aber mit
jener Immoralität eine Auskunft schaffen, wonach eine Familie
nur eine bestimmte Anzahl von Kindern zuläßt, wollte man den
Genuß pflegen und zugleich den Naturzweck vereiteln, so müßte,

---

[1]) Im angef. Orte.
[2]) Die psychischen Zustände, Jena 1849, S. 255 ff.

da niemals vorauszusehen ist, wie Siechthum und Tod in eine Familie eindringen werden, schließlich eine Nation, in welcher dieß allgemein würde, in der Ziffer ihrer Bevölkerung wie in der physischen Qualität derselben mehr und mehr zurückgehen und absterben, abgesehen davon, daß solche Immoralität die seruelle Ausschweifung noch mehr ermuthigen, die Schranken der Zurückhaltung noch mehr niederreißen und endlich zur physischen Entnervung wie zur geistigen Degradation führen würde. Wir haben solche Beispiele vor Augen, wir haben sie namentlich vor uns in der Geschichte Griechenlands und Roms. In Rom starb in Folge der Enthaltung von Ehe und Zeugung und der Erschöpfung aus maßlosem Genuß die ursprüngliche freie Bevölkerung allmälig aus und in die Lücken traten Freigelassene und Barbaren. Mit der Familie und ihrer Heilighaltung verfielen aber alle bürgerlichen Tugenden, und nur ein siedes, verkommenes, bloß von sinnlicher Lebsucht getriebenes und deßhalb auch auf seine Freiheit vergessendes Geschlecht blieb als letzter und schmählicher Rest des welteroberenden und weltbeherrschenden Volkes zurück. Hier hat der sittliche Wille den Naturdrang zu beherrschen und mit freier Macht zwischen den blinden Causalnexus der Ueberproduction und der selbstmörderischen Vertilgung zu treten. Soviel ich sehen kann, hat die hier angeregte Frage Proudhon mit ebensoviel Umblick als warmem sittlichen Gefühl behandelt. Das Wort der Lösung lautet bei ihm nicht, wie bei so vielen Andern, auf einen frevelhaften Eingriff in die Ordnung der Natur, sondern auf sittliche Selbstbeherrschung, auf Mäßigung und Entsagung.[1])

Es zeigt sich an unzähligen Beispielen wie das ganze Glück des Lebens durch eine einzige gegen Moral und Recht verstoßende Handlung verloren gehen kann. Es erweist sich am Schicksal großer Nationen — und ich denke hier vor allen wieder an das alte Rom —

---

[1]) Die Widersprüche der Nationalökonomie oder die Philosophie der Noth, deutsch von W. Jordan, Leipzig II, 365 ff.

daß, wenn die sittlichen Grundlagen eines Staates abfaulen, dieser unrettbar dem Verderben geweiht ist.

In Rom waltete sichtlich eine Nemesis, welche das zertretene Menschenrecht mit dem Untergange des Staates rächte. Die Selbst= sucht der Mächtigen und Besitzenden verdrängte immer mehr den freien Mittel= und Arbeiterstand, namentlich die freie bäuerliche Bevölkerung ; das Unrecht der Sclaverei wirkte zu demselben Ende hin und so er= loschen allmälig in einem massenhaften Proletariate die physischen und moralischen Tugenden, welche Rom groß gemacht hatten. — Die Ver= gewaltigung und Ausbeutung des Bauernstandes im Mittelalter hat schließlich den Adel selbst geschädigt und zu Fall gebracht, die Ueber= spannung und der Uebermuth der Hierarchie und des Fürstenthums haben furchtbare Züchtigungen hervorgerufen. Sünde und Unrecht, von den Autoritäten an der Menschheit verübt, führen immer dahin, daß diese Autoritäten selbst in den Staub geworfen werden. Nur Menschen von engem Gesichtskreise, welche die Jahrtausende der Geschichte nicht zu umfassen vermögen, können das Walten einer großen Gerechtigkeit in den Geschicken ihres Geschlechtes verkennen.

Namentlich unsere deutsche Geschichtschreibung, wie sie durch Schlosser, Ranke, Sybel u. a. repräsentirt ist, zeichnet sich durch die Betonung der ethischen Mächte in den Geschicken der Völker aus. Allerdings gibt es in der Geschichte Katastrophen, die unver= schuldet über die Völker hereingebrochen sind; sie sind jenen ge= waltigen elementaren Ereignissen gleich, mit denen die Natur so oft den Menschen und seine Werke begräbt; aber sie entkräften nicht die Wahrheit, daß sittliche Tugenden eine Bedingung der Er= haltung, der Entwicklung und des Glückes seien. Auch möge, wo uns der Sieg einer ungerechten Gewalt begegnet, nicht voreilig aus einer Erfahrung, welche den Ausgang des Drama's noch nicht sieht, ein Schluß auf die Beschaffenheit der Weltordnung gemacht werden; die Geschichte schreitet auch als ein Gericht, wenn sie auch für die Ungeduld des Einzelnen zu langsam zu schreiten scheint.

Trefflich weist Carriere auf die Existenz des Staates als auf einen thatsächlichen Beweis von dem Bestehen einer moralischen Ordnung hin.[1] Insofern der Staat von vornherein in der menschlichen Natur angelegt ist und mit Nothwendigkeit in der Geschichte sich verwirklicht, zeigt es sich, daß die Natur den Zwecken der geistigen und moralischen Kultur nicht fremd ist, sondern sie von Anfang an in ihrem eigenen Schooße als treibende Keime trägt. Aller Fortschritt der Geschichte prägt sich in einer immer reiferen Staatenbildung aus, der Staat aber ist um so vollkommener, je mehr er die physische wie moralische Wohlfahrt seiner Bürger sichert.

Die Idee einer moralischen Weltordnung geht durch alle Culturvölker mehr oder minder offen und sie war auch die Ueberzeugung der tiefsten Denker aller Zeiten. Auf den Thontafeln, die aus dem Schutt des alten Niniveh gegraben wurden, lesen wir, daß derjenige, welcher Gott nicht fürchtet, dem Rohre gleich abgeschnitten werde.[2] Nicht minder sprechen die Todtenbücher der Aegypter wie auch deren Lehre von der Seelenwanderung den Glauben an ein moralisches Weltgericht jenseits und diesseits aus. In der uralten Religion der Chinesen herrscht die Ueberzeugung, daß Sünden des Kaisers und des Volkes sich durch allgemeine Calamitäten der Natur rächen, und in den Reichsannalen des Schu-king, die zu den ältesten Documenten der Geschichte gehören, tritt uns die Annahme entgegen, daß im Leben der Völker ein höheres Gesetz herrsche, von dessen Erfüllung ihre Wohlfahrt abhänge. Die Lehre des Confucius und die ganze mit ihr zusammenhängende Moralphilosophie verbinden mit der Tugend die Vervollkommnung und höhere Entwicklung des Menschen. Die alte Religion der Arier, wie wir sie

[1] Die Thatsache der sittlichen Weltordnung, Beilage zur Allg. Ztg. Nr. 44, Jahrgang 1875.
[2] Vgl. Schrader, die Höllenfahrt der Ißtar. Gießen 1874. S. 97, auch S. 92.

aus den Veden kennen lernen, enthält die Vorstellung, daß Gott die ewigen Gesetze des Rechts und Unrechts gegründet habe, das Gute belohne und das Böse bestrafe; doch als Richter auch zugleich barmherziger Vater sei. Und die im Brahmanismus wie im Buddhismus festgehaltene und ausgebildete Lehre von der Seelenwanderung, wonach jedem in seinem folgenden irdischen Leben ein Körper und ein Schicksal beschieden werden, die dem sittlichen Verhalten in dem vorhergehenden entsprechen, drückt nur die Idee aus, daß das Physische auf dem Moralischen, die Nothwendigkeit des Schicksals auf der sittlichen Entscheidung beruhe. In der Lehre Zoroasters, im Parsismus, wird das physisch und moralisch Böse für identisch angenommen, das menschliche Leben als die Aufgabe das Reich des guten Geistes zu begründen erklärt und ein besonderes Gericht für jeden einzelnen wie ein allgemeines Weltgericht in Aussicht gestellt. Großartiger und gewaltiger noch sprach die altnordische Mythologie in der Lehre von der Götterdämmerung den Glauben aus, daß die Welt auf ewigen sittlichen Gesetzen ruhe.

In der Entwicklung der religiösen Anschauung bei den Griechen, wie sie namentlich durch die lyrischen und tragischen Dichter und durch die Philosophen veranlaßt wurde, gewahren wir den Fortschritt, daß die Götter, die anfänglich als bloße Naturmächte vorgestellt waren, immer mehr zu ethischen verklärt werden. Das Schicksal ($Mo\tilde{\iota}\varrho\alpha$), das bei Homer noch über den Göttern als dunkle Naturnothwendigkeit steht, wird allmählig, indem es als die Macht gedacht wird, welche die Gleichheit unter den Menschen wiederherstellt und jeden über das Maß Hinausstrebenden auf dasselbe zurückführt ($N\acute{\epsilon}\mu\epsilon\sigma\iota\varsigma$), in den Gedanken der Griechen zur sittlichen Weltordnung. Schon in den Persern des Aischylos wird auf das Walten des Zeus in den Geschicken der Menschheit hingewiesen und dieses Walten als gerechte und heilige Macht verehrt. Auch bei Sophokles ist Zeus der Träger der Weltordnung, welche der Dichter noch als objective und äußerliche Gerechtigkeit darstellt,

indem er aus den Thaten, wenn sie auch ohne Bewußtsein um
ihren Widerspruch mit der sittlichen Weltordnung vollbracht werden,
die Strafe als nothwendige Folge hervorgehen läßt. So unterliegt
auch derjenige dem Gericht, der nicht wissentlich diese Ordnung ver-
letzte, und es wird darum von Sophokles die christliche Schicksalsidee
nicht erreicht, welche an die aus dem bewußten Willen entspringende
That das Gericht knüpft.[1] Wir besitzen von Aristoteles eine merk-
würdige Erklärung über die Aufgabe der Tragödie, nämlich daß sie
durch die Erregung von Mitleid und Furcht diese Affecte, Mitleid
und Furcht, reinigen solle.[2] Vor etwa anderthalb Decennien hat
sich über den räthselhaften Sinn dieser Erklärung unter den deut-
schen Gelehrten eine literarische Controverse entsponnen; der derb
medizinischen Deutung von Jacob Bernays trat eine ethische durch
Stahr, Spengel und andere entgegen. Die richtige Erklärung dieser
Stelle scheint mir dahin lauten zu müssen, daß die Tragödie,
welche das Schicksal eines unsere Theilnahme erregenden, durch
sein Handeln aber das richtige Maß überschreitenden und verletzenden
Helden vorführt, uns einerseits mit Mitleid gegen ihn und mit
Furcht gegen das diese Ueberschreitung rächende Schicksal erfüllt,
anderseits aber Mitleid und Furcht mäßigt, indem sie uns das
Schicksal als verschuldet vorführen und dadurch die blinde Furcht
in Ehrfurcht vor der gerechten alles ordnenden Macht verwandeln
soll. So würde bei dem großen griechischen Denker die Forderung
für die Tragödie sich finden, die moralische Weltordnung zur Dar-
stellung zu bringen.

Durchaus ethisch ist des Sokrates Gottesauffassung, und Platon
war auch hierin sein Schüler. Des Letzteren Ansichten von der
Präexistenz und den Geschicken der Seele nach dem Tode drücken

---

[1] Conf. Otto Pfleiderer: Die Religion, ihr Wesen und ihre Geschichte,
Leipzig 1869, II p. 132 ff.
[2] Poet. c. 6.

nur den Gedanken der sittlichen Weltordnung aus. Auf den Ein=
wurf, daß der thatsächliche Widerspruch zwischen der innern Würdig=
keit und dem äußern Schicksal eines Menschen keine göttliche Für=
sorge und gerechte Weltregierung zeige, erwiedert er geradezu mit
der Behauptung: daß die Seele durch ihre freie Selbstentscheidung
in einem früheren Leben ihr gegenwärtiges Schicksal sich verdient
habe.[1]

Die stoische Philosophe entwickelte in der Lehre von der Ver=
nunft und Gerechtigkeit der Weltordnung eine vollständige Theo=
dicee, und am Abend der alten Welt standen noch die neupytha=
goreische Secte und der Neuplatonismus für die Anschauung ein,
daß des Menschen Schicksal von seiner sittlichen Selbstbestimmung
bedingt sei. Bei den Römern treten Sätze, wie wir sie bei dem ältern
Plinius finden, wonach von einer göttlichen Vorsehung nichts wahr=
zunehmen und der Zufall die alles lenkende Gottheit sei,[2] nur als
ein Symptom des Zerfalls der alten religiösen Weltansicht auf.

Daß die monotheistischen Religionen und unter ihnen wieder
mit größtem Nachdruck das Christenthum auf dem Glauben der
gerechten göttlichen Vorsehung und Weltregierung ruhen, bedarf
keines Nachweises. Die Lehre von der Erbsünde hängt mit der
Idee der sittlichen Weltordnung zusammen, denn durch dieselbe wird
das menschliche Elend, welches man nicht auf den gerechten und
gütigen Gott zurückführen zu dürfen glaubte, aus menschlicher
Schuld abgeleitet. Die größten wissenschaftlichen Vertreter der
christlichen Weltanschauung im Zeitalter der Patristik, Origenes und
Augustinus, beide Schüler des Neuplatonismus, haben den Mittel=
punkt ihrer Philosopheme in dieser Idee. Der letztere stellte die
tiefsinnigsten Erörterungen über das Böse an und argumentirte

---

[1] Legg. X. p. 904, a; de Rep. X., 617, e; Phaedr. p. 248, e.
[2] Hist. Nat. 2, 6.

mit überzeugender Kraft für die Vernunft, Schönheit und Sittlich=
keit der Weltordnung. „Die Schönheit der Weltordnung", sagt er,
„verstehen wir Menschen beßhalb so wenig, weil wir selbst als ein
Theil in dieselbe verflochten sind und das Ganze, dessen einzelne
Theile uns mißfallen, nicht überschauen können, so daß wir ver=
stehen würden, wie sie mit ihm im schönsten Einklange stehen.
Weil wir in so vielen Dingen unfähig sind, die göttliche Vorsehung
zu erkennen, so wird uns mit Recht befohlen daran zu glauben,
damit wir nicht in eitler Vermessenheit wagen, das Werk eines so
erhabenen Meisters in seinen einzelnen Theilen zu tadeln. Nicht
nach unserer Empfindung, nicht nach dem Nutzen oder Schaden,
welchen sie uns bringen, sind diese Dinge zu beurtheilen, sondern
an und für sich ist die Natur zu betrachten, wo sie dann die Ehre
ihres Meisters verkündet." [1]

Unter den neueren Philosophen will ich für das in Rede
stehende Problem nur an drei, an Leibnitz, Kant und Fichte er=
innern.

Leibnitz suchte darzulegen, wie auf der Basis des Reiches der
Natur als eine höhere Stufe sich das Reich der Menschengeister,
das Reich der Gnade, wie er es auch nannte, oder der moralische
Staat mit dem Zwecke der moralischen Vollkommenheit und des mit
ihr gegebenen größtmöglichen Glückes erhebe. Alles Uebel in der
Welt, das physische wie das moralische, löst sich ihm in der allge=
meinen Ordnung wie Dissonanzen in einer höheren umfassenden
Harmonie auf, ja es erscheint ihm geradezu als Bedingung zum
Guten. Im Geiste des Augustin tritt ihm das Bild der Welt wie
ein Kunstwerk entgegen und sagt er: „Stellen wir uns ein herr=
liches Gemälde vor, das bis auf einen ganz kleinen Theil völlig
verdeckt ist, so werden wir auch bei der genauesten und nächsten

[1] De Civitate Dei, XII. 4.

Betrachtung nichts anderes erblicken, als ein trübes unerquickliches Farbengemisch; aber enthülle das Bild, betrachte es aus dem richtigem Standpunkte, und was noch eben gedankenlose Pinselei schien, das stellt sich jetzt als das hohe Werk eines künstlerischen Verstandes dar. Was im Gemälde das Auge, das entdeckt das Ohr in der Musik. Die vorzüglichsten Componisten mischen sehr oft Dissonanzen mit Accorden, damit der Hörer bewegt, gespannt, in einer fast ängstlichen Erwartung des Ausgangs um so mehr durch die harmonische Lösung ergötzt werde."[1]

Kant hielt es zwar für unmöglich eine wissenschaftliche Theodicee oder den Nachweis einer sittlichen Weltordnung herzustellen, aber eben so sehr war er davon überzeugt, daß auch eine wissenschaftliche Widerlegung derselben nicht geliefert werden könne. Ihm ist diese Annahme eine nothwendige Forderung unserer moralischen Vernunft, der Gegenstand eines Glaubens, der aus moralischen Gründen sich erzeugt. Indem er die Verpflichtung eines absoluten Sittengesetzes anerkennt, schließt er, daß, wie die Möglichkeit seiner Erfüllung oder die Freiheit und die Möglichkeit einer successiven Annäherung des Willens an das sittliche Ideal oder eine über das Erdenleben hinausgehende Entwicklung des Menschen, so auch die ganze Natur in Beziehung zur Sittlichkeit oder als zweckmäßig für die moralische Freiheit angenommen werden müsse, weil anders die Weltordnung, indem sie dem Menschen Pflichten auferlegte, die nicht erfüllt werden könnten und nie erfüllt würden, im Widerspruch mit sich selbst stehen und unvernünftig sein müßte. Ist aber alles so eingerichtet, daß der sittlich vollkommene Mensch wirklich werden kann, und ist demnach dieser das höchste Ziel der uns bekannten Weltentwicklung, so darf der Urgrund des Ganzen, weil seine letzte Absicht

[1] De rerum originatione, Opp. philos. p. 149 sq.; dazu Theodicee I, Nr. 12, Opp. phil. p. 507

auf ein ethisches Ziel, nämlich auf die sittliche Menschheit, gerichtet ist, nicht bloß als blinde Naturkraft, sondern muß als ein Wesen mit ethischen Eigenschaften gedacht werden, ist ein moralischer Welt- urheber das Postulat des moralischen Glaubens.

Indem Fichte die Persönlichkeit Gottes läugnete und Gott mit der moralischen Weltordnung identificirte, ergieng gegen ihn die An- klage auf Atheismus. Während sein Zeitalter über die Kühnheit dieser Ansicht sich entsetzte, sind wir gegenwärtig fast schon dahin gekommen, den Glauben an eine solche Weltordnung als eine ver- altete Lächerlichkeit und seinen Träger als einen zurückgebliebenen und beschränkten Kopf zu verachten. Fichte's Anschauung in diesem Punkte gestaltete sich dahin, daß nach der Einrichtung der Welt in der Geschichte jede gute That unabsehbar fortwirken, das Böse aber sich selbst aufheben und zerstören müsse, und daß das Wesen der Religion in dem Glauben und in der freudigen thätigen Hingebung an diese Ordnung bestehe.

Wie man auch über diese Idee urtheilen möge, dieß dürfte viel- leicht nicht bestritten werden, daß ein solcher Glaube nützlich sei, indem er die Kraft zur Arbeit für die Entwicklung der Menschheit gibt; während die entgegengesetzte Ueberzeugung, wonach man mit aller Thätigkeit und Anschauung nur Sandhügel baue, welche der nächste Windstoß wieder umstürzt, geeignet wäre, die Lust und Aus- dauer am Schaffen, namentlich wenn es mühevoll ist und Wider- wärtigkeiten bringt, zu lähmen und das Individuum auf einen selbst- süchtigen Lebensgenuß zu verweisen.

Das moderne Drama der christlich-germanischen Völker, wie es insbesondere durch Shakespeare geschaffen wurde, behandelt das Schick- sal nicht als eine transcendente Macht, die sich äußerlich und dua- listisch zu den Handlungen der Menschen verhält, sondern als den Gemüthern immanent und hervorgehend als nothwendige Folge aus der Freiheit des Helden und den Gegenwirkungen, welche dieselbe

in den von ihr hervorgerufenen Conflicten mit der Außenwelt er=
fährt. Der alte Satz des Heraklit, daß des Menschen Gemüth
sein Schicksal sei, und Schillers Wort, daß jeder in der eigenen
Brust die Sterne seines Schicksals trage, kehren als maßgebende
Grundanschauungen in den vorzüglichsten Werken unserer dramati=
schen Kunst. Wenn aber des Helden Schicksal durch seine freie
That sich entwickelt und gestaltet, so erscheint die Weltordnung selbst
als eine moralische und diese moralische Weltordnung ist ebensosehr
die logische, indem sie That und Schicksal in innerer Consequenz zu
einander stehend aufzeigt. „Shakespeare's sittliche Ansicht", sagt Ger=
vinus, „geht von dem einfachen Gesichtspunkte aus, daß der Mensch mit
Kräften der Thätigkeit geboren wird, die er brauchen soll, und mit Kräften
der Selbstbestimmung und Selbstlenkung, die diesen Gebrauch der
handelnden Kräfte richtig steuern sollen. Durch Vernunft und Ge=
wissen müssen sie richtig gesteuert werden. Es ist wohl nicht ohne
Absicht geschehen, daß Shakespeare gerade den abscheulichsten seiner
Charactere die auffällig deutlichen Lehrstellen in den Mund gelegt
hat: daß es in unserem freien Willen liege, ob wir so oder so
sein wollen, und daß es unthunlich ist, unsere Schlechtigkeit auf außer
uns liegende Ursachen zu schieben; die fatalistische Ansicht, die des
Menschen freien Willen bestreitet, leiht der Dichter nur dem Skeptiker,
der mit jenen richtig steuernden Anlagen eben zerfallen ist."[1])

Als ein weltgeschichtlicher Gedanke tritt uns demnach die Idee
der moralischen Weltordnung entgegen; und da sie nicht das Resul=
tat einer zweifellosen äußern Erfahrung sein kann, so muß sie in
der moralischen Vernunft der Menschheit als Postulat begründet
und aus dem innern Bewußtsein derselben geboren sein. In der
moralischen Vernunft gibt sich nämlich eine Gesetzgebung kund, welche
den rohen Antrieben der Sinnlichkeit wie der Selbstsucht des Ju=

---

[1]) Shakespeare, Leipzig 1862, II, p. 553

Dividuums gebieten und dieses über die Stufe seines unmittelbaren natürlichen Daseins erheben und zum Mitglied eines Reiches der sittlichen Freiheit machen will — eine Gesetzgebung, welche dadurch, daß sie sich als Maß und Regel der Natur des Menschen auferlegt, dieser gegenüber als eine höhere Ordnung erscheint. Wäre sie aber nicht auch eine Macht im Leben des Einzelnen wie im großen Gange der Geschichte, so würde sie in keiner nothwendigen Beziehung zur Natur des Menschen stehen, für ihn bedeutungslos sein und von ihrer Erfüllung oder Nichterfüllung könnte nichts für seine Entwicklung und sein Glück abhängen. Eine solche Gesetzgebung, die sich so ganz äußerlich zum Menschen verhielte, wäre eine überflüssige, zweckloſe und unvernünftige Einrichtung. Uebte sie hingegen eine Herrschaft aus wie irgendein Naturgesetz, das widerstandslos sich geltend macht, so wäre in der Menschenwelt kein thatsächlicher Widerspruch gegen sie, und es wäre das Böse nicht. Diese Gesetzgebung, die nicht mit Nothwendigkeit erfüllt wird, wäre offenbar eine unvernünftige Forderung, wenn sie nicht erfüllt werden könnte, und sie wäre vergebens vorhanden, wenn sie nicht erfüllt werden sollte. Sie ſetzt daher, wie auch Kant richtig geschlossen hat, die Möglichkeit und die Pflicht ihrer Erfüllung voraus, d. h. aus ihrer Wirklichkeit geht mit evidenter Consequenz auch die Wirklichkeit der Freiheit, an die sie sich wendet, hervor. Nicht als ein Müssen, wie das Gesetz der Schwere, sondern als ein Sollen wird sie erfahren. Wo sie aber nicht berücksichtigt, wo sie geradezu verletzt wird, da gibt sie sich in ihrer Macht negativ kund, indem der Mensch, der an ihrer Erfüllung die Bedingung seines höheren Lebens und seiner Wohlfahrt hat, durch seinen Widerspruch gegen sie Schaden leidet. Die moralische Gesetzgebung vermittelt das Glück und die Cultur des Einzelnen mit dem Glück und der Cultur der Menschheit; sie versöhnt die Selbstliebe mit der Liebe zum Ganzen der Gesellschaft, indem in ihr wahre Selbstliebe mit der letztern zusammenfällt, und sie sucht auf solche Weise die Menschenwelt zu einem Organismus zu gestalten, in welchem das

Heil des Ganzen sich aus der Gesundheit der einzelnen Glieder er-
gibt, und diese Menschenwelt zu demselben harmonischen Universum
zu erheben, welches durch die Wechselwirkung und Einheit der cen-
trifugalen und centripetalen Kräfte der Weltbau darstellt. Wandert
aber dann der suchende Gedanke zurück bis zu dem geheimnißvollen
Quell, aus dem eine Schöpfung strömt, deren uns bekanntes höchstes
Ziel ein Reich der Freiheit und moralischen Weltordnung ist, so
werden wir denselben, den wir in keiner Anschauung darstellen und
nicht mit unseren Begriffen umspannen können, in der Ehrfurcht
des Gemüths als ethische Macht anerkennen müssen.

Druck der Dr. Wild'schen Buchdruckerei (Gebr. Parcus).